STATUTS

DES

MAITRES ET MARCHANDS

CORDONNIERS,

DE LA VILLE ET FAUXBOURGS DE LYON.

Imprimés par les soins

&c.

CLAUDE-HUMB. REYPIER.	ANDRÉ MOULARD.
GEORGE RUEL.	NICOLAS LEFORT.
THOMAS GARON.	THOMAS SECRETON.
JOSEPH RABILLOU.	JEAN FRAZET.
Maîtres Gardes en 1767-1768.	*Maîtres Gardes en 1768-1769.*

Et ANTOINE BOUCHER, *ancien Receveur du sol*
de falls.

A LYON,

De l'Imprimerie de J. M. BARRET, Imprimeur-
Libraire, Quai de Retz.

M. DCC. LXIX.

STATUTS

DES
MAÎTRES ET MARCHANDS
CORDONNIERS,

DE LA VILLE ET FAUXBOURGS DE LYON.

Imprimés par les soins
&

CLAUDE-HUMB. REYBIER.	ANDRÉ MOULARD.
GEORGE RUEL.	NICOLAS LEFORT.
THOMAS GARON.	THOMAS SECRETON.
JOSEPH RABILLOU.	JEAN FRAZET.
Maîtres Gardes en 1767-1768.	*Maîtres Gardes en 1768-1769.*

Et ANTOINE BOUCHER, *ancien Receveur du fol de felle.*

A LYON,

De l'Imprimerie de J. M. BARRET, Imprimeur Libraire, Quai de Retz.

M. DCC. LXIX.

PRÉFACE.

IL n'y a personne qui n'ait intérêt à la fidélité du Commerce & à la bonne qualité des ouvrages qui sortent des mains des Artisans.

Aussi dès les premiers temps, le Gouvernement a-t-il donné une attention singuliere à la Police des Arts & Métiers, & a-t-il fait une multitude d'Edits & Déclarations pour prescrire le temps des Apprentissages, la qualité des Chefs-d'œuvres, les Elections des Gardes pour veiller aux abus, &c. &c. &c.

Chaque Profession s'étant réunie, il s'est presque formé autant de Corps qu'il y a de Métiers différents, & de-là est venue cette nécessité, d'avoir des Statuts, c'est-à-dire, des Loix particulieres, auxquelles le Corps & les Membres sont obligés de se conformer.

Parmi ces Professions, celle de Cordonnier, dans la Ville de Lyon, n'a pas été la derniere, si toutes fois, elle n'a pas été la premiere qui se soit donnée des Loix.

A 2

D'un Côté on voit que dès l'année 1489, elle obtint de Charles VIII. des Lettres-Patentes données à Orléans au mois d'Avril, qui homologuent & autorisent les Statuts qu'elle s'étoit donnée au nombre de 22 articles, & que ces Lettres en forme de Chartres, furent enrégistrées en la Sénéchaussée de Lyon, le 21 Avril 1490.

D'autre part on trouve qu'ayant cherché à faire renouveller ses privileges & à prévenir quelques abus qui s'étoient introduits, la Communauté obtint au mois de Juillet 1611, des nouvelles Lettres-Patentes de Louis XIII. qui confirment ses Statuts, & que ces Lettres furent également enrégistrées en la Sénéchaussée de Lyon, le 19 Novembre suivant, ensuite d'un Arrêt du Parlement de Paris, qui lui en avoit renvoyé la connoissance.

Les temps occasionnant naturellement des changements, la Communauté des Cordonniers de Lyon a, d'intervalle à autre, fait quelques corrections à ses Statuts ; certains articles ont été expliqués ; d'autres ont été supprimés : enfin elle y en a ajouté quelques-uns ; & c'est d'après cela qu'en 1741, elle a obtenu de Louis XV. d'autres Lettres-Patentes confirmatives des précédentes & de ses Statuts.

L'ÉTAT à tellement regardé les Cordonniers de la Ville de Lyon comme un corps légalement établi, qu'on voit entre autres choses. 1°. Que LOUIS XIV. ayant créé au mois de Juin 1695. des Offices d'Auditeurs des Comptes dans chaque Communauté, les Cordonniers en firent l'acquisition. 2°. Qu'en 1697 le ministere ayant imposé une certaine taxe sur tous les Corps, elle s'en acquitta en 1698. 3°. Qu'au mois d'Août 1703, S. M. ayant créé dans chaque Communauté des Tréforiers-Receveurs. Les Cordonniers acquirent ces Charges le 22 Décembre suivant. 4°. Et enfin que le 9 Mai 1705, y ayant eu des Charges de Greffier des Brevets de Compagnons & d'Apprentifs de créées, dans chaque Corps, la Communauté des Cordonniers de Lyon en fit encore l'acquisition le 8 Février 1707. &c.

DANS cet intervalle & sur la fin de 1500, les Cordonniers de Lyon ayant négligé de travailler sur le vieux, il s'éleva dans cette Ville, d'autres Cordonniers, connus d'abord sous le nom de Savetiers comme à Paris, & ensuite sous celui de Cordonniers en second, qui ne s'occu-

poient qu'à raccommoder les vieux Souliers.

Le nombre de ces nouveaux Cordonniers s'étant considérablement accrû, &
ayant cherché à faire du neuf & du vieux
tout ensemble, il s'éleva entr'eux & la
Communauté des Cordonniers, une multitude de difficultés & des procès sans
nombre, qui ont subsisté pendant plus
d'un siecle.

Les Cordonniers en premier & les
Cordonniers en second, s'étant deffillé les
yeux, & ayant mieux connu les uns &
les autres leurs vrais intérêts, ils s'uni-
rent & transigerent ensemble le 5 Janvier 1763 pardevant Me. Dugueyt &
son confrere Notaires à Lyon; voici ce
qui fut convenu.

1°. Les deux Communautés s'unissent,
pour ne faire à l'avenir qu'un seul & même Corps sans distinction de Cordonnier
en premier & de Cordonnier en second.

2°. Les Cordonniers en second, s'as-
sujettissent à se faire recevoir & inscrire
sur le Régistre des Cordonniers en premier,
dans l'espace de six mois, & à payer une
somme de 12 livres chacun.

3°. Tous les Livres, Régistres, Titres, Papiers, Effets & Revenus doivent

appartenir à la Communauté réunie, & il ne doit plus y avoir qu'une même Chapelle sous le vocable de S. Crepin & S. Crepinien, dans l'Eglise de S. Nizier.

4°. LES Charges & dettes doivent être supportées par la Communauté réunie & les Cordonniers en second s'obligent de donner un état des leurs.

5°. POUR parvenir à l'extinction des dettes, il est convenu qu'il sera levé un sol par selle dans chaque Boutique & par chaque semaine, à la forme de deux Arrêts qu'on avoit ci-devant obtenus.

6°. IL est dit qu'on élira chaque année deux Syndics & deux Adjoints, dont deux doivent être pris dans le Corps des Cordonniers en premier, & les deux autres parmi les Cordonniers en second ; & cela pendant l'espace de dix ans seulement, après quoi ils doivent être indifféremment pris dans la Communauté réunie.

7°. MOYENNANT cette réunion, la Communauté des Cordonniers en second se désiste de l'opposition qu'elle avoit formée à l'enrégistrement des Lettres-Patentes obtenues par les Cordonniers en premier en 1741, ainsi que de tous Arrêts, & consent que lesdites Lettres-Patentes, ensemble celle de 1611 & les Statuts desdits Cordonniers en premier soient exécutés selon leur forme & teneur.

8°. LES parties contractantes, donnent réciproquement pouvoir au porteur du traité d'en réquerir l'homologation au Parlement de Paris, & même de solliciter de nouvelles Lettres-Patentes, si elles étoient jugées nécessaires.

ENFIN chaque Communauté se départ de son côté de toute instance & procès de quelques genres qu'ils soient & dans quelques Tribunaux qu'ils soient pendants.

LE sceau de l'autorité législative étant nécessaire à ce Traité, la Communauté le sollicita, & obtint Arrêt au Parlement de Paris le premier février 1763 qui l'a homologué & qui en a ordonné l'exécution ; ensuite le tout fut enrégistré au Consulat de Lyon le 23 du même mois.

CETTE réunion faite, les premiers soins de la Communauté, furent de percevoir le droit de Selle, qu'elle s'étoit imposée, afin de pouvoir éteindre les dettes des deux Corps ; mais la perception de ce droit ayant été sujette à des inconvénients sans nombre, par le refus & l'opiniâtreté de quelques Maîtres, on fut obligé de chercher quelqu'autre voie pour arriver avec plus d'aisance au même but.

LA

LA Communauté après avoir bien ré-
fléchi, ne trouva pas de meilleur expé-
dient, que de remettre les droits de maîtrise, qu'elle avoit diminués pendant un
temps, sur l'ancien pied ; en conséquence
elle prit une délibération le 20 Décembre 1767, dans laquelle il fut arrêté :

1°. QUE l'apprentif de Ville paieroit
160 liv. 2°. Que le Compagnon forain
paieroit 320 liv. 3°. Que l'Apremif de
Ville épousant fille ou veuve de Maître,
paieroit 92 liv. 15 sols ; & enfin que l'apprentif forain, épousant également fille
ou veuve de maître, paieroit 170 liv.

D'UNE PART cette délibération ayant
été présentée au Consulat, elle y a été
homologué par Sentence du 29 Novembre 1768. D'AUTRE PART, la Communauté s'étant pourvue au Parlement de
Paris, elle y a obtenu Arrêt le 12 Décembre de lad. année qui a homologué &
ordonné l'exécution du tout.

C'EST dans cet état que la Communauté
des Cordonniers de Lyon, ayant consi-
déré, le temps qui s'est écoulé depuis la
derniere impression de ses Statuts ; le peu
d'exemplaires qui en restent ; la découverte
qu'elle a faite depuis peu, des Lettres-
Patentes de 1489 ; les divers change-

B

ment qui font furvenus depuis dans fon
Corps & dont on vient de rendre compte
en partie, a arrêté par délibération du
27 Décembre 1768, que fes Statuts
feroient de nouveau réimprimés avec les
annotations, corrections, & additions né-
ceffaires dans les circonftances actuelles,
afin que chaque Maître étant bien inftruit
de fes devoirs, puiffe les remplir, à la
fatisfaction du public & de tous fes Con-
freres.

STATUTS

DES
MAITRES ET MARCHANDS
CORDONNIERS

DE LA VILLE ET FAUXBOURGS DE LYON.

TITRE I.

Des Maîtres.

ARTICLE I.

POUR veiller à l'observation des présents Statuts, on proposera quatre Maîtres-Gardes, un mois avant la nomination & Election de MM. les Prévôt des Marchands, & Echevins de cette Ville.

II.

Les Maîtres qui font en charge, préfenteront chaque année au Confulat, une lifte

B 2

des Maîtres, fur laquelle ces Magiftrats choi-
firont deux Maîtres qui donneront leurs
fuffrages à la maniere accoutuméc, pour nom-
mér & élire, conjointement avec les autres
Maîtres des Arts & Métiers de la Ville,
MM. les Prévôt des Marchands & Echevins.

III.

Les Maîtres-Gardes qui feront nommés,
prêteront le ferment pardevant MM. les
Prévôts des Marchands & Echevins, de bien
& duement faire les vifites, d'empêcher les
abus qui pourroient fe glifler, & les mal-
verfations qui pourroient fe commettre.

IV.

Les Maîtres, feront obligés de fe rendre
le jour & Fête de S. Crépin, patron de la
Communauté, en l'Eglife Collégiale & Pa-
roiffiale de S. Nizier, fur les neuf heures du
matin, où l'on célébrera une Meffe haute
& folemnelle, à laquelle les Maîtres feront
obligés d'affifter.

V.

Les Maîtres - Gardes, demeureront deux
années en charges ; il y aura toujours en
exercice, deux anciens avec les nouveaux
pour inftruire ces derniers.

V I.

Les Maîtres - Gardes, feront obligés de faire les vifites accoutumées dans les temps de foires, afin de prendre garde aux Cuirs qui ne feront pas de la qualité réquife; en dreffer leurs Procès-verbaux; & les rapporter au Confulat, pour y être pourvu ainfi qu'il appartiendra.

V I I.

Les Maîtres-Gardes, rendront compte dans l'affemblée du mois de Janvier, de l'argent qu'ils auront reçu.

V I I I.

Les Maîtres, ayant obtenu la permiffion du Confulat, s'affembleront chaque année dans le mois de janvier, afin de procéder à la nomination de deux d'entr'eux, pour faire les fonctions de Courier de leur Chapelle, & cette élection fe fera par les anciens Maîtres qui auront été en charge, fuivant un ufage *immémorial*. (*a*)

I X.

Les Couriers, feront obligés de faire orner

___

(*a*) Depuis quelques années, on n'eut plus de Courier; ainfi cet article, enfemble l'art. IX & l'art. X, ne font plus, quant à préfent, d'aucune confidération.

la Chapelle, le jour & Fête de S. Crépin & les Fêtes Solemnelles. (*a*)

X.

Ils affisteront, avec les Maîtres-Gardes, aux visites qui fe feront chez les autres Maîtres, pendant les deux années de leurs fonctions, & ils pourront prendre la qualité de *Maîtres-Gardes & Couriers de la Chapelle des Cordonniers.* (*b*)

X I.

Chaque Maître, fera obligé de payer toutes les années, *vingt fols* pour fa Confrérie, le jour & Fête de S. Crépin, ou dans la quinzaine au plus tard.

X I I.

Il eft défendu à tous les Maîtres, de tenir plus d'une Boutique chacun, pour mettre en montre, vendre, ni faire vendre, des fouliers, bottes & autres ouvrages de leur art, à peine de 40 liv. d'amende, applicable au profit de l'Hôtel-Dieu, de l'Hôpital de la Charité & du Dénonciateur.

XIII.

Un Maître, ne pourra prendre aucun Com-

(*a*) Ainfi qu'on l'a dit, cet art. eft tombé en défuétude.
(*b*) Idem.

pagnon, qui sortira du service d'un autre Maître, sans lui en demander son consentement, à peine de trente livres d'amende.

XIV.

Nul Maître, ne pourra prendre, ni recevoir aucun Compagnon, que par l'entremise des Embaucheurs de la profession, & après en avoir conféré & pris avis des Maîtres-Gardes.

XV.

Défenses sont faites aux Maîtres Cordonniers, d'avancer aucune somme à leurs Compagnons, à peine de perte de leur dette, & de 30 liv. d'amende applicable, un tiers au Dénonciateur, & le surplus au profit de la Communauté.

XVI.

Le Consulat a défendu par son Ordonnance du 10 *Juillet* 1682, à tous Marchands, Voituriers & autres, qui conduiront les cuirs, veaux à huile, & à alun, & toutes autres Marchandises, servant à l'art de Cordonniers, de les décharger en d'autres lieux, qu'aux lieux de la Grenette (*a*) destinés pour vendre les Marchandises de cette espece; il

---

(*a*) Ce n'est plus à présent à la Grenette ; c'est à la place du Concert.

leur est aussi défendu de les vendre à toutes sortes de personnes, qu'après qu'elles auront demeuré exposées pendant six heures, dans ces mêmes lieux, en la maniere ordinaire, à peine de 50 liv. d'amende contre les Marchands, & de 25 livres contre les Voituriers. Le Consulat a aussi imposé la peine, d'une amende de 50 livres, aux Maîtres Cordonniers qui acheteront ces Marchandises, ailleurs que dans les lieux de la Grenette, destinés à la vente (a) & avant qu'elles y eussent été exposées pendant six heures ; ces amendes sont applicables, savoir, un tiers à l'Hôtel-Dieu, l'autre tiers à l'aumône générale, & le tiers restant au Dénonciateur.

XVII.

Il est défendu par la même Ordonnance, à tous les Marchands & Maîtres de l'art de Cordonniers, de quelques lieux qu'ils soient, d'amener & vendre en cette Ville, en gros ou en détail, aucune bâle, souliers & mules qu'aux endroits de la Grenette, (b) destinés à vendre les cuirs, & ils ne peuvent vendre ces marchandises, qu'après qu'elles auront

------

(a) C'est à présent comme on l'a dit, à la place du Concert.

(b) C'est à la Place du Concert.

été

été visitées, par les Maîtres-Gardes, à peine de confiscation & de 40 livres d'amende.

XVIII.

Suivant la même Ordonnance, il est encore défendu de faire venir ces Marchandises, par eux, ou par des personnes interposées, & d'en acheter, vendre ou débiter, dans leurs Boutiques, qu'après qu'elles auront été exposées, à la Grenette (a) pendant six heures, à la maniere ordinaire, & visitées par les Maîtres-Gardes, qu'ils seront tenus d'avertir, lorsque les Marchandises seront arrivées ; à peine de 40 liv. d'amende & de confiscation des marchandises.

XIX.

Le Consulat, permet aux Maîtres-Gardes, de faire visite, dans les endroits soupçonnés & de saisir ce qui se trouvera en contravention.

XX.

Il est défendu aux Maîtres, de donner à travailler, aux Chambrelans, qui n'ont aucun caractere, à peine pour chaque contravention, de l'amende de 12. liv.

XXI.

Il est défendu aux Chambrelans & à tou-

____

(a) C'est à présent à la Place du Concert.

C

tes fortes de perſonnes , de vendre des ſou-
liers dans les rues , à peine de confiſcation
& de 40 livres d'amende.

XXII.

Si l'on contrevient aux préſents Statuts,
les Maîtres-Gardes , ſe pourvoiront pardevant MM. les Prévôt des Marchands & Echevins , conformément à l'Arrêt du Conſeil
d'Etat , du 26 Septembre 1677 , pour être
procédé contre les Contrevenants *ſommai-
rement & gratuitement.*

Nota. A la forme de l'art. IX. du tit. 3.
des Compagnons, qui eſt auſſi commun
aux Maîtres , il eſt dit , que tout Apprentif
ou Compagnon qui aura été atteint de
quelque crime , ne pourra être reçu à la
Maîtriſe , ni travailler chez aucun Maître ,
à peine de 100 liv. d'amende contre chaque
Maître qui , inſtruit du fait , les auront
employés.

TITRE II.

Des Apprentifs.

ARTICLE I.

Es Maîtres, ne pourront avoir, qu'un Apprentif & ne le pourront prendre, pour un temps moindre que de trois années, à commencer du jour de la paſſation de l'acte de ſon apprentiſſage.

II.

Les Maîtres, pourront néanmoins prendre un ſecond Apprentif, ſix mois, avant que le terme d'apprentiſſage du premier expire.

III.

Les Maîtres, ne pourront prendre & obliger un Apprentif, qu'il ne ſoit de la Religion, Catholique, Apoſtolique & Romaine, & après en avoir averti les Maîtres-Gardes, à peine de nullité & de 30. liv. d'amende.

I V.

Les Apprentifs, paieront *dix livres* pour l'enrégiftrement de leur Brevet d'apprentiffage. *(a)*

V.

Les Maîtres-Gardes, & les autres Maîtres, pour quelques confidérations que ce foit, ne pourront difpenfer, les Apprentifs, de remplir entiérement, les trois années de leur apprentiffage, à peine de nullité & de 30 liv. d'amende.

V I.

Les Brevets d'apprentiffage, feront paffés pardevant Notaires, ainfi qu'il fe pratique en pareil cas, en préfence de l'un des Maîtres-Gardes en charge, auquel on paiera la fomme de *dix livres*, *(b)* comme il eft dit en l'art. IV. du préfent titre, à peine de nullité.

(*a*) A la forme de la délibération du 20 Décembre 1767, approuvée au Confulat le 29 Novembre 1768, & homologuée au Parlement de Paris, par Arrêt du 12 Décembre fuivant, l'Apprentif au lieu de 10 liv. doit payer 10 liv. 10 f. pour l'enrégiftrement de fon Brevet.

(*b*) C'eft comme on l'a dit fur la note de l'art. IV. 10 liv. 10 fols.

VII.

Les Apprentifs, ne pourront quitter, le service de leurs Maîtres, pendant le temps de leur apprentiſſage.

VIII.

Ils ne pourront travailler & exercer l'Art de Cordonnier, qu'ils n'aient au préalable ſatisfait leurs Maîtres & achevé le temps de leur apprentiſſage, & il eſt défendu aux Maîtres de les employer, ni de leur donner du travail, à peine de 30 liv. d'amende.

Nota. Suivant l'art. IX. du titre 3. des Compagnons, lequel eſt commun aux Apprentifs, tout Apprentif, qui aura été atteint & convaincu, de quelque crime & aura ſubi des jugements infâmants, ne peut être reçu, ni au Compagnonage, ni à la Maîtriſe.

TITRE III.

Des Compagnons.

ARTICLE I.

LE TEMPS de l'Apprentiſſage expiré, les Apprentifs ſeront tenus, de faire enrégiſtrer leur quittance, & de ſe faire inſcrire pour Compagnons ſur les Régiſtres de la Communauté, en payant pour cet effet aux Maîtres-Gardes, la ſomme de *Quinze livres*, à peine de *nullité* des Actes & de 30 liv. d'amende.

II.

Les Compagnons, qui n'auront pas fait leur Apprentiſſage en cette Ville, & qui voudront y travailler en cette qualité, pour acquérir la Maîtriſe, & qui ſeront de la Religion Catholique, Apoſtolique & Romaine, ſeront obligés de ſe faire préſenter aux Maîtres-Gardes, par les Embaucheurs, afin d'être inſcrits pareillement ſur le Regiſtre, & paieront la ſomme de *vingt livres*, à peine de nullité des Actes, & de 30 livres d'amende.

III.

Il est défendu à toutes personnes , de travailler , en qualité de Maître Cordonnier, qu'elles n'aient fait apparoir , aux Maîtres-Gardes , de leur Brevet d'Apprentissage en cette Ville , ou ailleurs , & qu'elles n'aient justifié , d'avoir servi en cette Ville , les Maîtres , en qualité de Compagnon.

I V.

Le temps d'Apprentissage , pour les Apprentifs de cette Ville , est limité à trois ans, comme il a été dit ; & le temps de leur Compagnonage est fixé à deux années.

V.

A l'égard des Apprentifs étrangers , il suffira , qu'ils fassent apparoir de leur Acte d'Apprentissage , en bonne & due forme : mais ils seront obligés, de servir , trois ans consécutifs , les Maîtres de cette Ville , en qualité de Compagnons, & ils seront tenus avant que de parvenir à la Maîtrise , de justifier aux Maîtres-Gardes , le service de trois années consécutives.

V I.

Les Compagnons , qui auront fait l'Apprentissage de leur métier en cette Ville ,

paieront, pour leur Réception à la Maîtrise,
(*a*) la somme de *quatre-vingt-dix livres*,
au profit de la Communauté, & *dix livres*
à l'Hôpital de la Charité.

VII.

Les Compagnons, qui n'auront pas fait
leur Apprentissage, en cette Ville, paieront pour leur Réception, à la Maîtrise
(*b*) la somme de *cent quatre vingt livres*
& *vingt livres* à l'Hôpital de la Charité.

VIII.

Ceux, qui épouseront, des filles, ou des
Veuves de Maîtres, seront reçus à la Maîtrise, en payant, seulement, la moitié des
droits; savoir, s'ils ont été Apprentifs, en
cette Ville, la somme (*c*) de *quarante-cinq
livres*, au profit de la Communauté, &
cinq livres à l'Hôpital de la Charité, &
s'ils ont été Apprentifs, ailleurs, la som-

(*a*) A la forme, de la délibération du 20 Décembre
1767, approuvée au Consulat, le 29 Novembre 1768, &
homologuée, par Arrêt du 12 Décembre suivant, ce droit
de 90 *liv.* est porté *à* 124 *liv.* 10 *fols.*

(*b*) A la forme de lad. délibération du 20 Décembre
1767 approuvée au Consulat le 29 Novembre 1768 &
homologuée par Arrêt du 12 Décembre suivant, ce droit
est de 280 *liv.* au lieu de 180 *liv.*

(*c*) Au lieu de 45 *liv.* c'est d'après la susdite délibération 62 *liv.* 5 *fols.*

me

me (*a*) de *quatre-vingt-dix-livres*, à la Communauté, & celle de *dix livres* à l'Hôpital de la Charité.

I X.

Tous Apprentifs & Compagnons, qui auront été atteints & convaincus, de *quelque crime*, & auront fubi des *jugements infamants*, ne pourront être reçus à la Maîtrife, ni travailler chez les Maîtres, de cette Ville, fous peine de *cent livres* d'amende, contre les Maîtres, qui les recevront, ou emploieront, quand ils en auront été avertis.

X.

Les Compagnons, ne pourront quitter le fervice de leurs Maîtres, qu'en les avertiffant un mois avant les principales Fêtes de l'année, qui font *Pâques, Pentecôte, Touffaint & Noël*, & faute par eux de les avertir, ils feront tenus de travailler, chez eux, jufqu'au temps de ces Fêtes ; & ils feront tenus de les avertir, huit jours auparavant, dans les autres temps de l'année.

X I.

Il eft défendu, aux Compagnons de s'a-

____

(*a*) Ce droit eft porté à 140 liv. au lieu de 90 livres fuivant la délibération du 20. Décembre 1767 approuvée au Confulat le 19 Novembre 1768 & homologuée au Parlement le 12 Décembre fuivant.

trouper, fous aucun prétexte, ni de s'affem-
bler, plus de trois ou quatre à la fois, fous
peine de prifon.

XII.

Il eſt défendu, à tous *Ouvriers* & *Compagnons* de travailler, à la Profeſſion, chez
d'autres perſonnes, que des Maîtres Cordonniers, à peine de *quarante livres* d'a-
mende.

TITRE IV.

Des Fils de Maîtres.

ARTICLE I.

DES Fils, de Maîtres, ne paieront aucuns droits, & ne feront tenus de produire aucun Brevet d'apprentiſſage : mais feulement de juſtifier qu'ils font Fils de Maîtres.

II.

Les Fils de Maîtres, ne pourront être reçus à la Maîtriſe, avant que d'avoir atteint l'âge de vingt ans, à moins qu'ils ne foient mariés.

TITRE V.

Des Veuves de Maîtres.

ARTICLE UNIQUE.

LEs Veuves de Maîtres, pourront continuer de tenir boutique ; comme aussi, d'avoir des *Compagnons*, & même, de faire achever aux *Apprentifs*, de leurs Maris *Défunts*, le temps de leurs apprentissages ; sans toutes fois, qu'elles puissent faire, aucun *Apprentif* nouveau.

TITRE VI. *Et commun.*

ARTICLE I.

L'Ordonnance confulaire, du 6 Juillet 1655, rendue contradictoirement & du confentement, des deux Communautés, des Maîtres *Cordonniers*, & des Maîtres *Savetiers* de cette Ville, fera exécutée, fuivant fa forme & teneur. (*a*)

II.

Pareillement, l'Ordonnance confulaire, du 10 Décembre 1716, rendue auffi contradictoirement, en conféquence de la *précédente*, fera auffi exécutée, fuivant fa forme & teneur. (*b*)

(*a*) Il étoit queftion, dans cette Ordonnance, d'empêcher aux Savetiers, de mettre fur leurs boutiques, une montre femblable à celle des Cordonniers : mais comme ces deux Communautés, fe font réunies & qu'elles n'en font plus qu'une, cet article eft à préfent, fans objet.

(*b*) Par le même motif, cet article eft également ans objet.

III.

Les amendes , qui feront encourues, dont l'application, n'eft pas exprimée, dans *ce Réglement* , feront employées , fuivant qu'il fera ordonné , par le Confulat & feront payées , aux Maîtres-Gardes , auffi-bien que tous les autres droits.

TITRE VII. *Et dernier.*

Concernant, les pieces justificatives, des présents Statuts.

A la suite des différentes impressions, qui ont été faites, des Statuts des Cordonniers de Lyon, on trouve :

D'une part, différentes pieces, relatives aux difficultés, qui régnoient, entre eux & les Savetiers : mais comme ces deux Corps, se trouvent aujourd'hui réunies, on ne les rapportera point ici.

D'autre part, on y avoit recueilli, différentes Ordonnances du Consulat, relatives à la Police des Cuirs, qui condamnoient plusieurs particuliers, à des amendes & à des confiscations, pour être contrevenus aux Statuts : mais ces Ordonnances, n'ayant prononcé que l'exécution de ces mêmes Statuts, on croit ne devoir pas aussi les donner dans cette édition.

Il suffit, s'il semble, de rapporter sous deux §. & les titres, qui constituent les Cordonniers, en corps & ceux qui ont réuni, les deux Communautés, pour n'en plus faire qu'une, pour être suffisamment instruit de ce qu'on a essentiellement intérêt de savoir sur ce point.

§. I.

Erection des Cordonniers en Corps.

LETTRES-PATENTES

En forme de Chartes de Charles VIII. données à Orléans au mois d'Avril 1489 avant Pâques, qui homologuent les Statuts des Cordonniers de Lyon au nombre de 22 articles, vérifiées & enrégistrées en la Sénéchauffée de Lyon, le 14 dudit mois & an.

CHARLES, PAR LA GRACE DE DIEU, Roi de France, Savoir faifons à tous préfents & advenirs, Nous avoir reçu l'humble Supplication des Maiftres Cordonniers de noftre Ville & Cité de Lyon, contenant que pour le gouvernement & Police du Meftier de Cordoinnerie, & obvier aux faultes & abus qui pouvoient & peuvent eftre faites & commifes de jour en jour audit Meftier, lefdits Suppliants, par l'advis & opinion de plufieurs Gens de Confeil, ont fait certains Statuts, Articles, Ordonnances, & iceulx nous ont faict préfenter pour en avoir la conefrmation. Laquelle chofe avons différé faire ; mais les avons renvoyez à noftre Sénefchal de Lyon ou fon Lieutenant, pour les voir & vifiter. Lefquels Articles, après due vifitation & inquifition, lui ont femblez raifonnables, & eftre le bien de la chofe

chofe publique, & entretenement de la police
dudict Meſtier, ainſi qu'il eſt apparu par la cer-
tification de noſtre dict Seneſchal de Lyon, ou
de ſon dict Lieutenant, & de noſtre Procureur,
eſcripte au deſſoubz des dicts Articles.

Et à ceſte cauſe, nous ont les dicts Suppliants
requis que pour plus grande approbation & af-
fermacion deſdits Arcicles, Statuts & Ordonnances ; & afin que ceux dudit Meſtier ſoient
plus encleins de les garder, entretenir & obſer-
ver; & plus craintifs de les enfreindre, noſtre
plaiſir fuſt iceulx Articles, Statuts & Ordonnances deſſus tranſcrites, confermer, ratifier & ap-
prouver, & ſur ce leur impartir noſtre grace.

Pourquoi, Noùs, ces choſes conſidérées, leſdits Articles, Ordonnances & Statuts deſſus in-
corporés, avons louez & confermez, ratifiez &
approuvez, & par la teneur de ces préſentes de
noſtre eſpeciale, pleine puiſſance & auctorité
royalle, louons, confermons, ratifions & approuvons, & voulons que doreſnavant ils ſoient par
ceulx dudit Meſtier de Cordoinnerie en noſtre
dicte Ville de Lyon, gardez, entretenus & obſervez, ſans enfraindre, de point en point, ſelon leur forme & teneur. Si donnons en mandement par ces dites préſentes aux Bailly, Seneſchal de Lyon, & à tous nos autres Juſticiers ou
à leurs Lieutenants préſents & advenirs, & à
chacun d'eulx, que de nos préſents, confermacion, ratification, approbation, & de tout le
contenu ez dits Articles, ils faſſent leſdits Suppliants & leurs Succeſſeurs, joyr & uſer plainement & paiſiblement, ſans leur faire, meſtre, ou
donner, ne ſouffrir eſtre faicts, mis ou donnez,
ors ne pour le temps advenir aulcuns deſtour-
biers ou empêchements au contraires ; & leſdits
Artiles, Ordonnances & Statuts entretiennent
& gardent de point en point ſelon leur forme &

teneur, en contraignant ou faisant contraindre
à ce faire & souffrir tous ceulx qu'il appartiendra, & qui pour ce seront à contraindre par
toutes voies & manieres dues & raisonnables.
Et afin que ce soit chose ferme & estable à tous-
jours, nous avons faict mettre nostre scel à ces
présentes, sauf en aultres choses nostre droit &
l'aultruy en tout. Donné à Orléans au mois d'A-
vril, l'an de grace mil cccc. quatre vingt neuf,
& de nostre Reigne le septieme avant Pasques.
Par le Roy, à la relation du Conseil, MEURY.
Collacion est faicte, *Visa*, CONTENTOZ. TEXIER.
Registrata.

Enrégistrement desdites Lettres-Patentes.

SAICHENT tous qui ces présentes Lettres
verront, que l'an mil cccc. quatre-vingt-dix,
& le Mercredi quatorzieme jour du mois d'Avril,
après Pasques, comparurent par devant nous,
Laurent Paterin, Docteur en loix, Conseiller du
Roi, nostre Sire, Lieutenant Général de noble
& puissant Seigneur, Messire Jehan Destener,
Chevalier, Sieur de la Barde, Conseiller & Cham-
bellan du Roi, nostre dit Sire, son Seneschal
de Lyon, Bailly de Macon, Commissaire en ceste
partie ; Guillaume Frechet, Jehan Puys, Gilibert
Roberton, & Pierre Chelieu, Maistres Cordoinniers, en cette Ville de Lyon, tant en leurs noms
que pour & au nom des aultres Maistres dudit
Mestier de Cordoinnier en ladite Ville de Lyon,
pour lesquels ils se firent & font fort en ceste
partie ; lesquels ez noms que dessus, en la pré-
sence de honorable & saige, Maistre Claude
Leschanon, Docteur en loix, Procureur du Roi,
nostre dit Syre, ez dites Sénéchaussée & Bail-
liage, Nous présenta certaines Lettres-Patentes

du Roi, noſtre dit Sire, en forme de Charte,
ſellées de ſon ſcel, en cire verde, & lacs de ſoie,
donnée à Orléans en ce préſent mois d'Avril,
contenant les Statuts, Articles & Ordonnances,
faits touchant le fait & induſtrie dudit Meſtier de
Cordoinnier en ladite Ville de Lyon ; leſquels
Statuts, Articles & Ordonnances, le Roi noſtre
dit Sire par ſes dittes Lectres, & pour les cauſes
dedans contenues, de grace eſpéciale, pleine
puiſſance & auctorité royalle, a louez, confermez, ratifiez & approuvez ; & a voulu que
doreſnavant ils ſoient par ceux dudict Meſtier
de Cordoinnier, en ladite Ville de Lyon, gardez, entretenus & obſervez, ſans enfraindre, de
poinct en poinct, ſelon leur forme & teneur,
comme il eſt contenu ez dictes Lectres, auxquelles ces préſentes ſont attachées ſous le ſcel de la
Cour du Roi, noſtre dict Sire, ou dict Lyon ; &
deſquelles lectres leſdicts Maiſtres deſſus nommés
& ez noms que deſſus, demanderent & requirent
l'intherinement ſelon leur forme & teneur. Et
nous veu leſdictes Lectres, contenant leſdicts
Statuts, Articles & Ordonnances, en ſuivant le
bon plaiſir dudit Sire, & le contenu ez dictes
Lectres du conſentement dudit Procureur du Roy,
avons enthériné & entherinons leſdictes Lectres ;
& à ce faiſant avons faict, ſouffert & laiſſé ;
faiſons, ſouffrons & laiſſons par ces préſentes leſdicts Maiſtres Cordoinniers dudit Meſtier en laditte Ville de Lyon, jouir & uſer plainement &
paiſiblement deſdittes graces, conſermacion, ratificacion, & approbacion, & de tout le contenu
ez dictes Lectres, Articles & Ordonnances, men-
cionnées ez dictes Lectres de Chartes ; & iceulx
Statuts, Articles & Ordonnances, avons ordonné
& ordonnons eſtre entretenus, gardez & obſervez,
le tout ſelon la forme & teneur deſdictes Lectres,
Statuts, Articles & Ordonnances, parmy ce que

les Maiftres deffus nommés ez noms que
deffus, & chacun d'eulx ont promis & juré,
en la préfence dudit Procureur du Roi, par
leur ferment fur ce donné aux Sainctes E-
vangiles de Dieu, de bien & loyaulement
exercer ledict Meftier de Cordoinnier, & non
y faire aulcunes fraudes ne aultre chofe, au préjudice de la chofe publique; entretenir, garder
& obferver le contenu ez dicts Statuts, Articles
& Ordonnances felon leur forme & teneur. Si
donnons en mandement par ces préfentes, au
premier Sergent Royal, fur ce requis, en com-
mettant le meftier eft qu'il faffe exprès com-
mandement de par le Roy, noftre dict Sire,
à tous ceux qu'il appartiendra, fur les peines
contenues ez dicts Statuts, Articles & Ordonnances & aultres plus grandes qu'ils pourroient
encourir, en faifant le contraire, qu'ils &
chacun d'eulx fouffrent, & laiffent lefdicts
Maiftres Cordoinniers en laditte Ville de Lyon,
joyr & ufer pleinement & paifiblement defdictes grace, confermacion, ratificacion, approbacion, & de tout le contenu ez dicts Articles,
Statuts & Ordonnances, le tout felon la forme
& teneur defdictes Lectres, Statuts, Articles &
Ordonnances, fans fur ce leur faire, mectre
ou donner aulcuns deftourbiers ou empêchements, au contraires : ains, fe aulcuns leur
auroient été ou eftoient fur ce faicts, mis ou
donnés l'aufte ou faffe ofter, mectre inconti-
nent & fans délay à pleine délivrance, & au
premier eftat & deub; & iceulx Statuts, Articles & Ordonnances, & tout le contenu en iceulx
entretiennent, gardent & obfervent de poinct
en poinct felon leur forme & teneur; & à ce
faire & fouffrir, & auffi à payer les droicts qui
font deubs pour les affaires dudict Meftier, tant
à caufe de la Confrairie dudict Meftier de Cor-

doinniers qu'aultrement ; contraigne tous lefdicts Maiſtres Ouvriers , & aultres qui pour ce
feront à contraindre par touttes voies deües &
raiſonnables , & aultrement ſelon la forme &
teneur deſdictes Lectres , & tout ainſi que ledict Sire le veult & mande par icelles de le
faire , par le pouvoir à nous donné en ceſte
partie , lui avons donné & donnons par ces
préſentes pouvoir , auctorité & mandement ſpé-
cial témoin de ce nous avons faict ſceller du ſcel
de ladicte Cour ces préſentes ; données à Lyon en
l'Oſtel de noſtre habitation les an & jour deſſus dict.

*Par mondit Seigneur le Lieutenant Commiſſaire
Royal.*

DE MONTDESERT.

LETTRES-PATENTES

DE LOUIS XIII.

*Données à Paris au mois de Juillet 1622.
portant confirmation des Statuts des Cordonniers de Lyon , vérifiées & enrégiſtrées en la
Sénéchauſſée de Lyon le 29, Novembre ſuivant.*

LOUIS, PAR LA GRACE DE DIEU, ROI DE
FRANCE ET DE NAVARRE. A tous préſents &
avenir, SALUT, nos Chers & bien Amez les
Maîtres Cordonniers de notre Ville de Lyon,
Nous ont fait remontrer que pour éviter pluſieurs
abus introduits audit Métier de Cordonnier en
ladite Ville, par ſucceſſion de temps tant par
les Maîtres que Compagnons d'icelui, au préjudice du Public, & intérêt particulier & au-

tres, ils avoient fait & dreſſé certains Statuts, Articles de Regſements, pour être ci-après obſervés entr'eux, & iceux préſentés à nos Chers & bien Amez les Prévôt des Marchands & Echevins de notre Ville de Lyon, leſquels auroient été par eux vus, modérés, arrêtés & iceux envoyés par devers Nous, pour être confirmés & homologués, comme très-juſtes & néceſſaires pour ledit Art de Cordonnier & bien du Public de ladite Ville. Nous ſuppliant à ces fins leſdits Maîtres Cordonniers, leur vouloir accorder nos Lettres à ce néceſſaires. A CES CAUSES, après avoir fait voir en notre Conſeil leſdits Statuts, Articles de Réglements fait par leſdits Maîtres Cordonniers, vûs, modérés & arrêtés par leſdits Prevot des Marchands & Echevins de notre Ville de Lyon, le 26 jour d'Avril dernier, contenant en tout en quatre feuilles de papier quatorze Articles, ci-attachés ſous le contre-Scel de notre Chancellerie ; avons iceux Articles, Statuts & Réglements, confirmés, autoriſés, homologués, ratifiez & approuvés, & de notre certaine ſience, pleine puiſſance, & autorité Royale, par ces Préſentes confirmons, approuvons, homologuons, ratifions & autoriſons, voulons & nous plait, qu'ils ſortent leur plein & entier effet, & qu'ils ſoient entiérement gardés, obſervés, ſuivis & entretenus en tous leurs points, tant par les Maîtres, Compagnons, qu'Apprentif dudit Métier de Cordonnier, & leurs ſucceſſeurs pleinement, paiſiblement & à toujours, ainſi & en la même forme & maniere qu'il eſt amplement contenu par leſdits Articles, Statuts & Réglements. SI DONNONS EN MANDEMENT, au Senéchal de Lyon, ou ſon Lieutenant & Gens tenant le Siege Préſidial en lad. Ville, & à tous nos autres Juſticiers & Officiers, chacun en droit ſoi comme à lui appartiendra,

que ces Préfentes, ils faffent lire, Publier & En-
régiftrer, le contenu efdits Statuts, Articles &
Réglements, garder, entretenir & obferver de
point en point felon leur forme & teneur, contraignant à y obéir iceux qu'il appartiendra par
toutes voies dues & raifonnables, nonobftant
oppofitions ou appellations quelconques, pour
lefquelles & fans préjudice d'icelles ne fera différé. CAR TEL EST NOTRE PLAISIR, & afin que
ce foit chofe ferme & ftable à toujours, Nous
avons fait mettre notre Scel à cefdites Préfentes
fauf en aucunes chofes notre droit & l'autrui en
toutes. DONNÉ à Paris au mois de Juillet l'an
de Grace mil fix cens onze, & de notre regne
le deuxieme.

Par le Roi en fon Confeil, MASCLARY,
CONTENTOZ, MASCLARY.

*Ce feroit ici le lieu, de rapporter auffi les Lettres
Patentes de Louis XV donné au mois de
1742, qui confirment celles de fes prédéceffeurs,
& les Statuts de la Communauté des Cordonniers
de Lyon : mais comme elles fe trouvent encore
engagées à Paris, à la fuite des procès qui divi-
foient les deux Corps, & qu'on n'en a point d'ex-
trait, on eft forcé de laiffer en cet endroit une
Lacune, fauf à les joindre par addition à la fin
de cet Ouvrage.*

§. II.

Réunion des Savetiers aux Cordonniers.

TRANSACTION

Paſſée devant Maîtres Dugueyt & Montellier, Conſeillers du Roi Notaires à Lyon; entre les Cordonniers & les Savetiers, le 30 Décembre 1762, par laquelleces deux Corps ſe réuniſſent pour ne faire à l'avenir qu'une ſeule & même Communauté.

CHARLES DEMASSO DE LA FERRIERE, Baron de Chaſſelay, Seigneur de Liſſieu, du Plantin & autres Lieux, Lieutenants des Armées du Roi, Lieutenant en chef de Brigade des Gardes du Corps de Sa Majeſté, Chevalier de l'Ordre Royal & Militaire de S. Louis, Sénéchal de Lyon, ſavoir faiſons que, Pardevant les Conſeillers du Roi Notaires à Lyon ſouſſignés, furent préſents les ſieurs Louis Sontonas, Jean-François Pilard, Jean-Claude Baudoin, Pierre Antoine Ravet, Jacques Loup & Claude Larrat, tous Maîtres & Marchands Cordonniers en premier de ladite Ville de Lyon, & Syndics de leur Communauté d'une part : Et les ſieurs Louis Clément, Franç. Garnier, Pierre Grand Clement, Jean Chauderon & Victor Gonin, tous Maîtres & Marchands Cordonniers en ſecond de la même Ville, Syndics de leur Communauté, d'autre part, les uns

&

& les autres fondés de Procuration de leur Communauté, par deux Délibérations des douze &
& treize Juillet dernier, l'une reçue Dugueyt,
l'un des Notaires soussignés, & son Confrere,
& l'autre Moreau & son Confrere, aussi Notaires de cette Ville, en vertu de deux Ordonnances de Messieurs les Prévôt des Marchands &
Echevins, Juges de la Police des Arts & Métiers
de lad. Ville, sous leurs dates, mises au bas des
Requêtes qui leur ont été présentées à cet effet;
lesquelles Délibérations ont été homologuées par
Arrêt de Nosseigneurs du Parlement, le premier
Septembre dernier, qui en a ordonné l'entiere
exécution.

Et comme les principales dispositions de ces
deux Délibérations portent, que les susnommés
sont autorisés, tant en leurs qualités de Syndics
qu'aux noms de leurs Communautés, à terminer
à l'amiable toutes les difficultés qui se sont élevées
entre elles depuis long-temps, soit par la voie
de Sentence arbitrale, soit par Transaction; ils
sont pareillement autorisés à signer tous compromis, à acquiescer à la Sentence arbitrale ou
à passer transaction; c'est en conséquence que les
susnommés ont signé le compromis, reçu Dugueyt & son Confrere, le six Octobre dernier,
par lequel ils ont donné tous pouvoirs nécessaires, à Noble Louis Clapasson de Valliere,
Avocat en Parlement & ès Cours de Lyon,
ancien Echevin, & à Noble Louis Auguste Blanchard de la Mothe, aussi Avocat en Parlement
& ès mêmes Cours de Lyon, qu'ils ont choisis
pour leurs Arbitres, de régler toutes les difficultés élevées entre les deux Communautés,
soit par Sentence arbitrale, soit par Transaction.

En conséquence pour terminer lesdites difficultés, les susnommés, de l'avis desdits Nobles

Clapaſſon & Blanchard, ont tranſigé ainſi qu'il ſuit, ſavoir :

Premiérement, que les deux Communautés demeurent réunies pour ne faire qu'un ſeul & même Corps à l'avenir, & qu'il n'y aura plus dorénavant de diſtinction de Cordonniers en premier & en ſecond, mais porteront ſeulement le nom de Maîtres & Marchands Cordonniers, leſquels auront la liberté de faire les ouvrages dépendants de leur Profeſſion, ſoit en neuf ſoit en vieux.

Secondement, que les ci-devant Cordonniers en ſecond ſeront tenus de ſe faire recevoir & inſcrire ſur le Régiſtre deſdits Cordonniers en premier, dans le délai de ſix mois, & de payer à l'inſtant de leur réception chacun la ſomme de douze livres pour tous droits; au moyen de quoi ils jouiront de tous les avantages & Privileges attribués à la Maîtriſe des ci-devant Cordonniers en premier; paſſé lequel temps, à compter du jour de la préſente Tranſaction, ceux qui ne ſe feront pas recevoir dans ledit délai, ne pourront plus faire aucuns ouvrages neufs ni vieux, à peine de l'amende portée par les Réglements & de confiſcation des choſes trouvées en contravation; permis néanmoins à ces derniers de ſe faire recevoir en tous temps après ledit délai, en payant par eux la ſomme de cent cinquante livres, à laquelle demeure réduit le droit de Maîtriſe deſdits Cordonniers en premier, au lieu de celle de deux cent trente - deux livres à laquelle il étoit porté ci-devant.

Troiſiémement, que tous les livres, Régiſtres, Titres, Papiers, Effets & Revenus appartiendront à ladite Communauté réunie, & qu'il n'y aura plus à l'avenir qu'une ſeule & même Chapelle, ſous le vocable des Saints Crépin & Crépinien dans l'Egliſe de Saint Nizier.

Quatriémement, que les charges & dettes seront supportées également par ladite Communauté réunie, qui ne fera plus qu'un seul &
même Corps, comme il a été dit ci-dessus, &
qu'à cet effet les susnommés seront tenus d'en
remettre aux Arbitres susnommés un état certi-
fié d'eux véritable, dans lequel ils comprendront
non seulement les dettes contractées par acte ou au-
trement, mais encore les frais & faux frais occasion-
nés par les Procès pendants actuellement, ainsi que
les avances qu'ils se rouveront avoir faites; en conséquence de quoi les Arbitres procéderont à la
liquidation des dettes, suivant leur ordre & pri-
vilege.

Cinquiémement, pour parvenir plus prompte-
ment à l'extinction des dettes, & éteindre les
gros intérêts qu'ils payent des capitaux, & at-
tendu que les droits de réception ne pourroient
suffire, il sera levé un sol par selle dans chaque
Boutique & par chaque Semaine, à la forme des
deux Arrêts, obtenus ci-devant, soit par les Cordonniers en premier, soit par ceux en second,
lequel sol par selle sera supprimé aussi-tôt après
l'extinction des dettes, & perçus par ceux qui
seront nommés & choisis à cet effet, & à présent & conjointément par trois des Syndics des
Cordonniers ci-devant en premier, & par trois
Syndics des Cordonniers ci-devant en second;
à la charge par eux d'en rendre compte tous les
six mois, & de justifier de l'emploi qu'ils en auront fait pardevant vingt Anciens, qui seront pris,
dix dans les ci-devant Cordonniers en premier
& dix dans ceux en second, suivant leur ordre
de réception & date; pourquoi il sera dressé une
Matricule en deux colomnes, lesquels Syndics seront tenus de faire appurer leurs Comptes quinze
jours après leur sortie de Charge par Messieurs
du Consulat, en la maniere ordinaire & accou-

tumée, pourquoi lesdits Syndics resteront un an en place, à compter du jour de l'homologation de la présente Transaction.

Sixiémement, qu'ils seront remplacés par deux Syndics & deux Adjoints, dont deux seront pris dans le Corps des ci-devant Cordonniers en premier, & les deux autres dans celui des ci-devant Cordonniers en second, & ce pendant dix ans, passé lequel temps il sera libre de les prendre indifféremment dans la Communauté réunie, & qui ne fera, comme il est expliqué ci-devant, qu'un seul & même Corps, lesquels Syndics & Adjoints feront conjointement & ensemble les fonctions qui concernent les Jurés, & se conformeront pour la perception des droits & la reddition des Comptes à ce qui a été dit ci-dessus.

Septiémement, que les Syndics en second ci-dessus dénommés se désistent, tant en leurs noms qu'en celui de leur Communauté, de nouveau & en tant que de besoin seroit, de l'opposition qu'ils avoient formée à l'enrégistrement des Lettres-Patentes obtenues par les Cordonniers en premier, en mil sept cent quarante-un, ainsi que de tous Arrêts, soit au Conseil, soit au Parlement, consentant que lesdites Lettres-Patentes soient exécutées suivant leur forme & teneur, de même que celles de mil six cent onze, ainsi que les Statuts, sous les conditions néanmoins portées par la présente Transaction pour le droit de la Maitrise, réduit, comme il a été dit ci-dessus, à la somme de 150 livres, au lieu de celle de 232 liv. lesquelles Lettres-Patentes, Statuts, ainsi que les autres Titres, serviront pour ladite Communauté réunie.

Huitiémement, que pour l'exécution de la présente Transaction, les susnommés donnent pouvoir à Me. Jean-Paul Blanchard de la Mo-

the, Procureur au Parlement, qu'ils conftituent
pour le leur, d'en requerir l'homologation par
Arrêt de Nofseigneurs du Parlement, pour être
exécuté fuivant fa forme & teneur, & à Me.
Pellé, Avocat au Confeil du Roi, de folliciter
de nouvelles Lettres-Patentes, s'il eft jugé né-
ceffaire, promettant d'avoir pour agréable tout
ce que feront à cet effet lefdits Mes. Pellé &
Blanchard, & de leur payer leurs honoraires,
avances, vacations & débourfés.

Enfin lefdits fufnommés, fe défiftent de toute
inftance & de tous Procès dans quelque Tribu-
nal que ce foit ; les frais occafionnés à cet effet
devant être payés comme il eft expliqué ci-def-
fus ; ainfi demeurés d'accord, fous les promef-
fes, obligations, foumiffions, renonciations,
&c. dont Acte fait & paffé à Lyon dans le Ca-
binet dudit Noble Clapaffon, rue Juiverie, &
en fa préfence & en celle dudit Noble Blanchard,
le 30. Décembre 1762. après midi, & ont tous
fignés avec Mefdits fieurs Arbitres : ainfi *figné*,
L. Sontonas, Pilard, Baudoin, Larrat, Ravet,
Loup, Garnier, Grand Clément, Louis Clément,
Chauderon, V. Gonin, CLAPASSON DE
VALLIERE, BLANCHARD DE LA MOTHE,
avec MONTELLIER & DUGUEYT, Notaires,
fur la Minute controllée à Lyon, le 5. Janvier
1763. reçu deux cent cinquante livres, *figné*
TOURNAL, ladite minute reftée au pouvoir dudit
M. Dugueyt. *Signé* MONTELLIER & DU-
GUEYT, *avec paraphes.* En marge eft écrit :
Scellé avec paraphe.

ARRÊT

DU PARLEMENT DE PARIS,

Du premier Février 1763, qui homologue la susdite Transaction & approuve la réunion y énoncée.

LOUIS, PAR LA GRACE DE DIEU, ROI DE FRANCE ET DE NAVARRE, au premier Huissier de notre Cour de Parlement, ou autre notre Huissier ou Sergent sur ce requis ; savoir faisons : que vu par notredite Cour la Requête présentée par Louis Sontonas, Jean François Pilard, Jean-Claude Baudoin, Pierre-Antoine Ravet, Jacques Loup & Claude Larrat, tous Maîtres & Marchands Cordonniers en premier de la Ville de Lyon, & Syndics de leur Communauté : Et Louis Clément, François Garnier, Pierre Grand Clément, Jean Chauderon & Victor Gonin, tous Maîtres & Marchands Cordonniers en second de ladite Ville, Syndics de leur Communauté ; à ce qu'il plût à notre dite Cour homologuer la Transaction passée devant Dugueyt & son Confrere, Notaires à Lyon, le trente Décembre dernier ; en conséquence ordonner qu'elle sera exécutée selon sa forme & teneur ; ordonner pareillement qu'elle sera imprimée, lue, publiée & affichée partout ou besoin sera : Vu aussi les Pieces attachées à ladite Requête, *signée* BLANCHARD le jeune.

NOTRE DITE COUR a homologué & homologue ladite Transaction du trente Décembre dernier, pour être exécutée selon sa forme &

teneur; ORDONNE qu'elle sera imprimée, lue, publiée & affichée par tout où besoin sera. Si mandons mettre le présent Arrêt à exécution. Donné en Parlement, le premier Février l'an de de Grace mil sept cent soixante-trois, & de notre Regne le quarante-huitieme.

Collationné, signé, BOISLEAU.

Par la Chambre, *Signé*, DUFRANC.

ENREGISTREMENT

De la susdite Transaction & dudit Arrêt au Consulat de Lyon, du 23 Février 1763.

VU l'Arrêt de la Cour du premier Février mil sept cent soixante-trois, Nous ordonnons qu'il sera exécuté selon sa forme & teneur, & en conséquence il est permis aux Suppliants de le faire imprimer avec les pieces qui y sont énoncées, publier & afficher par tout où besoin sera. Fait à Lyon au Consulat, le 23 Février 1763. *Signé*, FLACHAT DE S. BONNET, FULCHIRON, VALESQUE, JOLICLERC, LACOUR, l'aîné.

FIN.

AVEC PERMISSION.